Docteur Henry de GAULÉJAC

MÉDECIN AIDE-MAJOR DE 1ʳᵉ-CLASSE

LA
CULTURE PHYSIQUE
DANS L'ARMÉE

Essai d'un procédé nouveau de gymnastique rationnelle

AVEC 8 PHOTOGRAPHIES DANS LE TEXTE

> La gymnastique est la meilleure mé-
> decine du corps. (BILZ.)
> Elle est pour le soldat la meilleure
> école de bravoure (BISMARCK.)

PARIS

HENRI CHARLES-LAVAUZELLE

Éditeur militaire

10, Rue Danton, Boulevard Saint-Germain, 118

(MÊME MAISON A LIMOGES)

LA
CULTURE PHYSIQUE
DANS L'ARMÉE

Docteur Henry de GAULEJAC

MÉDECIN AIDE-MAJOR DE 1ʳᵉ CLASSE

LA
CULTURE PHYSIQUE
DANS L'ARMÉE

Essai d'un procédé nouveau de gymnastique rationnelle

La gymnastique est la meilleure médecine du corps. (Bilz.)
Elle est pour le soldat la meilleure école de bravoure (Bismarck.)

PARIS

HENRI CHARLES-LAVAUZELLE

Éditeur militaire

10, Rue Danton, Boulevard Saint-Germain, 118

(MÊME MAISON A LIMOGES)

A Monsieur Le Colonel Abonneau

Commandant le 5ᵉ Régiment de Cuirassiers

A Monsieur Le Médecin-Major de Vernejoul

Je dédie ce modeste opuscule, témoignage de mon respectueux attachement et de ma très vive reconnaissance.

Tours, le   1903.

de Gauléjac.

AVANT-PROPOS

D'aucuns hausseront les épaules en voyant un médecin apporter le contingent de son travail à l'étude de l'éducation physique du soldat.

Son rôle de thérapeute, d'observateur de tares et d'organismes lui offrirait-il donc un champ trop limité pour que, expérimentant hors de son domaine, il étendît ses vues personnelles à ce nouveau sujet?

Mais que nous importe la surprise critique de ceux qui, fixant leurs notions incertaines et arriérées de l'existence dans des cadres schématiques déterminés d'avance, veulent s'épargner l'effort d'une pensée nouvelle!

Le médecin militaire n'aurait-il pas le droit de s'intéresser à tout ce qui touche l'homme, et plus spécialement le soldat, quand il garde à lui seul toute responsabilité à la fois devant l'humanité et devant la nation?

Et c'est précisément parce que son œuvre de *réparation* d'organismes devient trop vaste aujourd'hui sous les coups multipliés d'une excessive morbidité, qu'il doit, avant tout, s'attacher à une autre œuvre non moins digne d'intérêt, à l'œuvre de *préservation* qui, devant la déchéance où tombe notre race, s'impose, dans d'égales limites, à l'attention de tous.

Ce modeste essai, sur la *culture corporelle du soldat* n'a d'autre prétention que de répondre au besoin d'une prophylaxie rationnelle, tendant à sauvegarder la santé par la mise en action des moyens naturels dont les organismes disposent pour leur défense.

Nulle étude ne nous paraît plus passionnante que celle de la régénération de notre race affaiblie.

Pour tous ceux qui ont encore la France au cœur, rêvent une race forte, veulent des défenseurs vaillants à l'heure suprême, nous ne pensons pas qu'il soit une tâche à la fois plus utile et plus noble. La vigueur physique de nos soldats n'assurera pas seulement la valeur numérique de notre armée, mais aussi sa valeur morale, sans laquelle la puissance de nos armes ne peut rester que chimérique.

Si notre foi absolue en la cause que nous allons défendre réveille quelques convictions nouvelles, nous n'aurons pas perdu notre temps et nous ne saurions éprouver de plus douce satisfaction que celle d'avoir contribué, pour notre faible part, à une œuvre qui se recommande si hautement de la nation et de l'humanité.

LA
CULTURE PHYSIQUE

DANS L'ARMÉE

CHAPITRE PREMIER

La morbidité dans l'armée. — Son importance. Un de ses principaux facteurs.

Depuis longtemps, les statistiques médicales de l'armée font ressortir l'excessive morbidité qui pèse sur nos soldats.

Aux tableaux de nos documents officiels, l'infériorité de notre vitalité nationale s'affiche à cette heure avec une telle évidence qu'il ne nous est plus permis de demeurer indifférents. Dans ces dernières années, la morbidité générale, considérée dans son ensemble, a donné les proportions moyennes de 480 pour 1.000 anciens soldats, de 857 pour ceux ayant moins d'un an de service. Sur un effectif moyen de 510.000 hommes environ, plus de 130.000 ont dû être hospitalisés chaque année, fournissant près de quatre millions de journées de traitement.

Tout récemment, un article de la *Gazette de Cologne*, mettant en comparaison les relevés officiels de l'état sanitaire de l'armée française avec les relevés des statistique de même nature de l'armée allemande, donnait les évaluations suivantes :

	Armée française.	Armée allemande
Fièvre typhoïde :		
Nombre des atteintes.....................	7.535	921
Nombre des décès......................	1.001	87
Maladies des organes respiratoires :		
Nombre des atteintes.....................	19.087	16.286
Nombre des décès.	895	307
Dysenterie :		
Nombre des atteintes.....................	4.219	110
Nombre des décès.......................	71	3
Diphtérie :		
Nombre des atteintes.....................	405	221
Nombre des décès......................	30	3
Affections cardiaques :		
Nombre des atteintes.	1.496	34
Nombre des décès.	34	17

Voilà des chiffres dont la douloureuse éloquence doit nous convaincre et nous faire prévoir ce que nous coûterait actuellement une guerre, alors que déjà, en temps de paix, dans les meilleures conditions de bien-être et d'hygiène, les malades nous enlèvent plus d'un cinquième de nos effectifs. Qu'il nous suffise de rappeler les statistiques de nos dernières campagnes, où nos soldats eurent toujours moins à compter avec le feu qu'avec les maladies et les épidémies.

En Crimée, les balles nous ont tué 2.000 hommes, les maladies 75.000. Pendant la guerre de 1870, la proportion est encore plus forte. Oublierons-nous enfin l'effroyable mortalité de Madagascar ?

Il n'est donc pas exagéré de prétendre que, pour le soldat en temps de paix comme en temps de guerre, la maladie est avant tout redoutable. Plus meurtrière que le feu, elle a à tous les âges prélevés les plus lourds impôts sur les forces belligérantes; aujourd'hui, son importance, même dans les conditions de paix, devient telle qu'il nous est bien permis de nous demander si, aux prochaines campagnes, elle ne nous arrêtera pas avant que nous ayons vu le feu.

Semblable crainte n'a rien de chimérique pour quiconque juge de l'avenir à l'expérience du passé et aux enseignements du présent. N'en retrouvons-nous pas d'ailleurs une expression manifeste dans les préoccupations constante du commandement, qui ont pour objet la santé générale des hommes? A cette heure, plus que jamais, on tient compte des préceptes de l'hygiène, qui, traités de sornettes, il y a peu de temps encore, prennent actuellement force de loi.

De nos jours, en comparaison de ce qu'il était autrefois, le soldat est choyé, presque dorloté. Confortablement vêtu, bien nourri, ménagé autant que le permettent les besoins du service, il a bénéficié des avantages considérables que lui donnent, au point de vue hygiénique, nos connaissances plus précises de l'étiologie des maladies, la mise en œuvre de tous nos moyens de prophylaxie individuelle et générale. Et, dans ce grand effort que le commandement et le service de santé ont d'un commun accord tenté depuis quelques années, il faut voir moins un sentiment de pure philanthropie, que le témoignage tacite des craintes nullement exagérées que nous inspire le triste bilan de nos ressources vitales.

Qu'est-il cependant résulté des sacrifices que le pays s'est imposés en vue d'améliorer l'état sanitaire de nos soldats? Sans trop paraître pessimistes, nous pouvons affirmer que nos succès n'ont que très imparfaitement répondu à notre attente. Comme nous le prouvions au début, la morbidité augmente chez nous dans de terri-

fiantes proportions. Et, tel n'est pas seulement notre
humble avis : un rapport officiel publié récemment dans
une de nos feuilles militaires, donnait les mêmes con-
clusions : « l'infection persiste, augmente même dans
notre milieu militaire, particulièrement terrible pour
les jeunes; le plus souvent, la contagion résiste à nos
plus énergiques mesures d'hygiène (1). »

On a bien dit que la tuberculose, notre plus redoutable fléau, pour ne citer que celui-ci, était en diminution
depuis quelques années; mais là encore, fait remarquer
M. le médecin-major Petit, c'est un résultat trompeur
qu'explique la vigilance avec laquelle on élimine aux
différents cribles de la revision, des corps et des hôpi-
taux. Nulle étude, au contraire, mieux que celle de la
tuberculose n'est susceptible de nous renseigner. Qu'on
ajoute aux 4 ou 5.000 tuberculeux qui, en moyenne,
sont hospitalisés tous les ans, les chiffres exprimant le
nombre des retraités pour la même affection, des réformes définitives ou temporaires, des congés pour tuberculose suspecte ou imminente, bronchites chroniques,
faiblesse générale, anémie ou scrofulose, on jugera facilement de l'excessive importance de ce mal redoutable, dont il n'est plus possible de fixer exactement les
limites, tant sont variées les rubriques sous lesquelles
il se dissimule.

Que faut-il donc conclure de nos affligeantes statistiques? Peut-être notre race, vieillie, déjà usée, à bout
de sève, n'offre plus assez de résistance aux maladies.
Serait-ce l'épuisement de ses plus précieux attributs?
C'est l'opinion généralement accréditée aujourd'hui.
Nous ne sommes plus, dit-on, que des dégénérés! Excellente excuse pour ceux qui, trop sûrs de la science, se re-
fusent à la reconnaître en défaut. Plus souvent, falla-

---

(1) La *France militaire*, décembre 1902.

cieux prétexte aux indifférents, qui assistent impassibles à notre ruine, n'y voyant que la conséquence inéluctable d'un vice incurables ou d'une fatalité historique.

Mais, s'il en est ainsi, à quoi bon dépenser des milliards à l'entretien d'une armée qui ne connaîtrait plus que la défaite, une part de nos énergies à la défense d'une race irrémédiablement vouée à une extinction prochaine ?

Suffisamment renseignés à cette heure sur l'infériorité vitale de notre race, il s'agirait pourtant de savoir avant de nous décourager, s'il n'est pas de moyens plus efficaces susceptibles de parfaire notre prophylaxie. Au lieu de piétiner sur place, de nous confier éternellement aux mêmes moyens de défense, que nous rconnaissons insuffisants, il ne serait peut-être pas inutile d'étendre nos recherches sur de nouvelles voies. Si l'assainissement de nos casernes, l'épuration des milieux extérieurs, la désinfection, notre guerre acharnée aux microbes ne nous ont pas encore donné tous les résultats désirables, c'est qu'assurément il existe, à côté des agents infectieux, d'autres facteurs non moins importants et dont nous ne tenons pas assez compte.

Parmi ces derniers, il en est deux surtout qui, bien que n'étant pas tout à fait passés inaperçus, n'ont que très faiblement attiré notre attention.

L'un, dont la constatation n'échappe à personne, est la diminution de la natalité en France; l'autre, moins généralement connu, c'est l'amoindrissement de notre vigueur physique. Or, il est du plus haut intérêt de remarquer que le taux de la morbidité militaire s'est constamment accru en proportion de là diminution du nombre des naissances et de la valeur des qualités physiques des jeunes soldats. Il y a là non pas une simple coïncidence, mais bien une relation certaine de cause à effet.

Nous ne nous attarderons pas à démontrer comment la diminution de la natalité a pu influer sur l'état sanitaire de notre armée. Ne suffit-il pas d'observer que, nos opérations de recrutement s'effectuant sur un groupe plus restreint de jeunes sujets, notre obligation de compléter les cadres a eu pour conséquence inévitable l'admission dans nos rangs d'un plus grand nombre d'individus malingres, que l'on aurait pu exempter ou ajourner si le choix avait été plus large.

De 1872 à 1893, nos cadres restant sensiblement les mêmes, l'excédent des naissances en France est tombé de 200.000 à 6.000. Pendant trois ans, celui des décès a été de 60.000. En vingt années nous avons perdu plus de 200.000 existences, presque la moitié de notre contingent annuel.

Nous sommes-nous bien rendu compte des conséquences que doit inévitablement entraîner une aussi désolante faillite d'hommes et de soldats? Songeons qu'à côté de nous, au contraire, les autres nations grandissent sans cesse. Nous décroissons chaque année; leurs naissances augmentent régulièrement. Si les mêmes proportions sont gardées pendant vingt ans, nous ne formerons plus que 10 p. 100 de la population européenne.

Mais il y a plus encore. En même temps que cette diminution numérique, nous constatons un affaiblissement marqué de notre valeur physique. Les médecins militaires appelés à reviser les contingents. soit au moment des opérations du recrutement, soit à l'arrivée aux corps des jeunes soldats, ont pu tout particulièrement se rendre compte de ce fait, dont l'importance échappe en général au public.

Si les conditions d'aptitudes physiques au service armé étaient actuellement les mêmes qu'il y a vingt ans, notre armée active fondrait déjà d'un tiers. On voulut exiger d'abord que le périmètre thoracique fût sensiblement égal à la demi-taille du sujet. Mais on ne put longtemps maintenir cette mesure, trop rigoureuse. On s'est contenté depuis d'une appréciation générale de la valeur physique, et jusqu'à ces dernières années, la seule mensuration exigée fut celle de la taille. A son tour, la toise a disparu après le centimètre. Quelles concessions nouvelles devrons-nous faire encore, pour assurer un recrutement suffisant quand la loi du service de deux ans sera mise en vigueur?

Aujourd'hui, le périmètre moyen de nos plus forts sujets n'excède pas 88 centimètres : dans l'infanterie et la cavalerie légère, il varie entre 84 et 86 centimètres. En corrélation avec cette atrophie du thorax, la musculature est absente chez la plupart; les membres sont grêles, décharnés, squelettiques; les dos se voûtent, les épaules se déforment et se portent en avant, tandis qu'au contraire, les ventres proéminent d'autant que l'ensellure lombaire est plus forte, que leurs parois, fragiles, graisseuses, ne résistent plus à la pression des organes internes.

C'est un attristant tableau que celui de notre troupier d'aujourd'hui! Quel pronostic porter de l'avenir de notre race devant une telle misère physiologique! Ceux qui pensent que notre race s'éteint n'ont peut-être pas tout à fait tort. Où sont nos guerriers chevelus de la première France, nos chevaliers de fer, nos grenadiers de la grande armée?

Il ne semble donc pas qu'il soit téméraire de reporter sur la faiblesse physique de nos hommes une des premières causes de nos échecs en hygiène prophylactique. Sans doute, on ne saurait donner une démonstration mathématique de l'importance de ce deuxième facteur étiologique; mais, sans être une science exacte, la physiologie a ses lois, que nous devons reconnaître comme des axiomes. Les relations qui existent entre nos

fonctions et l'état anatomique de nos organes, entre nos
fonctions et notre état de santé général, restent pour
cette science naturelle des entités évidentes par elles-
mêmes.

Le terrain, c'est-à-dire l'état anatomique et fonctionnel de nos organes, le chimisme de nos éléments cellu-
laires, gardent une importance considérable dans l'étiologie des maladies infectieuses. Le germe est un facteur
nécessaire, mains non suffisant. On a peut-être trop
exagéré sa valeur au détriment du terrain, depuis le
jour où les immortelles découvertes de Pasteur nous
éclairaient sur les causes premières des maladies. Il faut
bien reconnaître que les préoccupations constantes et
exclusives de détruire le bacille ont trop fait perdre de
vue l'objectif non moins essentiel : augmenter la résistance vitale de l'organisme et prémunir suffisamment
l'individu contre les causes de déchéance. Le plus souvent, nous avons compté sur la seule efficacité de nos
désinfectants, avant de songer aux merveilleuses ressources dont l'organisme dispose pour sa défense. La
contagion et la réceptivité sont cependant deux facteurs
d'une égale valeur. Ne tenir aucun compte du terrain
est tout aussi dangereux que négliger le germe. Nous
entretenons contre le mal une lutte constante, acharnée;
la santé n'est due qu'au bon état de nos défenses naturelles; elle est le triomphe de l'organisme sur l'agent
infectieux.

Aussi, reviendrons-nous insensiblement aux principes des anciens, pour qui la culture du corps constituait
la base rationnelle de toute médecine prophylactique.
Si, à mesure que se sont développées les sciences, nous
nous sommes habitués à analyser l'influence des milieux
extérieurs, nous nous sommes, en même temps, convain-
cus — et nous nous convaincrons encore davantage —

que notre meilleure sauvegarde contre les maladies réside dans la vitalité cellulaire de nos organismes.

Déjà de grands progrès ont été réalisés dans ce sens. L'assainissement des locaux militaires, l'aération, l'amélioration des ordinaires, toutes les mesures qui tendent à diminuer autant que possible les fatigues du service sont une preuve évidente de l'importance qu'on attache aux causes secondaires de la morbidité. Contre l'absolutisme des contagionistes, les dissidents ont fait entendre leurs très justes protestations. C'est un grand progrès réalisé; mais convient-il de ne pas aller plus loin dans cette voie?

Non, certes! Il reste à entreprendre toute une œuvre de régénération, à relever notre race de l'état lamentable où elle est tombée. L'homme déchu ne mériterait-il pas enfin qu'on s'intéressât un peu à lui, alors qu'on améliore avec des soins infinis la race chevaline, que la perfection des espèces animales devient l'objet de toutes les sollicitudes? « Notre développement normal, cependant, est plus qu'une vue théorique, plus qu'une aspiration esthétique, plus qu'un objet de doctrine pour quelques initiés et professionnels; il est une nécessité primordiale au point de vue purement pratique et vital même, au point de vue de la santé. » (Dartigues.)

La santé!... Combien en est-il qui possèdent ce bien précieux, le premier, le meilleur de tous, dans sa pleine acception scientifique? Car elle ne réside pas, comme on le croit communément, dans l'absence de tout désordre pathologique; le *corpus sanum* des anciens comprend l'ensemble harmonieux des formes extérieures, le développement proportionné de tous les organes assurant le parfait équilibre de toutes les fonctions, en un mot, l'entière possession de tout nos moyens de défense contre le mal.

Sans doute, notre *imbécillité organique* suffit au train

habituel de notre existence sédentaire et facile; mais survienne pour nous quelque occasion de déployer une plus grande activité, nous ne sommes plus aptes à lutter contre les tentatives de la maladie.

Comme une chaîne trop fortement tendue un moment se brise au plus faible de ses maillons, notre organisme tout entier se détraque et succombe du seul fait de l'insuffisance anatomique et fonctionnelle de l'une quelconque de ses parties.

On nous objectera bien que les fatigues du service militaire n'ont rien d'excessif, que la majorité de nos soldats formée de campagnards de cultivateurs et d'ouvriers trouve dans le milieu des casernes une existence relativement douce et, forts de cet argument, les dissidents du *contagionisme*, tous ceux qui donnent à la réceptivité des organismes le rôle prépondérant dans l'étiologie des maladies incriminent surtout les influences extérieures, l'encombrement, le changement de milieu, l'endémicité urbaine, sans tenir grand compte de l'état de réceptivité du sujet en lui-même. Evidemment, toutes ces causes créent la réceptivité, mais ce ne sont pas les seules; plus important, à notre avis, est le terrain sur lequel elles agissent, et nous savons maintenant combien celui-ci, grâce à la pauvreté de ses défenses naturelles, offre de lui-même aux agents microbiens, un milieu de culture éminemment propice.

Nous ne prétendons pas aussi que les exigences du service militaire soient si douces qu'on veut bien le dire, malgré tous les soins du commandement à éviter aux hommes la fatigue et le surmenage. Les exercices du cavalier, du fantassin, considérés dans leur début, ne sont nullement comparables aux pénibles travaux où l'ouvrier des champs gagne son pain quotidien. Pour aussi mal doué physiquement que soit ce dernier, il faut tenir compte de son *accoutumance*, de l'adaptation

anatomique et physiologique de son organisme à un
genre d'efforts toujours identique. Suivant la loi de
l'*économie naturelle*, nos organes se façonnent et se dé-
veloppent à leurs fonctions, mais ceux-là surtout dont
le rendement est le plus utile à l'effet recherché. Il en
résulte qu'un organisme uniquement préparé à des efforts
spéciaux ne saurait offrir le développement harmonique
de chacune de ses parties, qui seul, nous l'avons dit,
constitue la véritable robusticité.

Et c'est ainsi que le plus vigoureux campagnard,
adapté de longue date à la dure existence des champs,
mais seulement à celle-ci, trouve souvent, dans sa nouvelle vie au régiment, des occasions multiples de fatigues, qui avec les autres influences du milieu créent de
toute pièce ou préparent sa réceptivité.

« Se figure-t-on quels changements surviennent dans
l'orientation de la vie journalière du paysan qui se
trouve transporté brusquement à la caserne? Les deux
modes d'existence sont exactement opposés. D'un côté,
c'est le foyer où l'homme s'attache, comme le bœuf tient
à son étable, par une sorte d'instinct puissant et mal
défini; c'est la vie végétative, libre, insouciante de l'heure, avec des appétits restreints et une somme de besoins
matériels parfaitement définis, mais limités au manger,
au boire et au dormir. De l'autre, c'est la vie en commun,
loin de la terre, loin des champs et de la charrue. Les
horizons illimités ont disparu, et les murs de la caserne
se sont substitués à leur sauvage beauté. Ce n'est plus
le repas ruminé paisiblement à l'ombre d'un arbre ou
des gerbes moissonnées; c'est la gamelle insipide dévo-
rée hâtivement dans les réfectoires tumultueux. Ce n'est
plus le travail lent qui cesse au gré des bœufs ou de la
fatigue des bras; c'est l'exercice ordonné, l'entraînement physique imposé à tous chronométriquement.

» Ce bouleversement dans leurs conceptions morales

et leurs habitudes provoque chez les jeunes paysans un certain état de dépression qui diminue fatalement leur résistance physique et les prédispose aux maladies. » (Dépautaine.)

Que sera-ce alors pour le malheureux bureaucrate, bientôt obèse, l'étudiant déjà surmené, épuisé par excès de toutes sortes, quand, d'une vie sédentaire et facile, d'une grasse existence, toute faite de plaisirs, ils passeront brusquement eux aussi, du jour au lendemain, à cette rude école que, trois années durant, le pays leur impose ?

L'exemple des nations étrangères où les exercices du corps constituent pour le soldat la base de l'éducation militaire devrait être pour nous un précieux enseignement.

Des races sœurs de la nôtre, tout aussi jeunes, évoluant dans des conditions d'existence identiques, s'enorgueillissent aujourd'hui de leur supériorité physique incontestable, opposant à notre décadence, avec la richesse de leur vitalité, les plus merveilleux spécimens de résistance et de vigueur. Au début de ce chapitre nous mettions en parallèle les relevés officiels de l'état sanitaire de notre armée, avec les statistiques de même nature de l'armée allemande, et nous avons constaté les prélèvements effroyables que fait à la meilleure part de notre capital humain, notre excessive morbidité. Sans doute, notre faible natalité peut être un facteur important de cet état maladif de nos troupes, mais elle n'en est pas le seul. Avec la diminution numérique, qui restreint le champ de notre recrutement, doit entrer en ligne de compte l'épuisement manifeste de notre race. Aussi, plus que jamais, à cette heure critique pour nous, se fait sentir le besoin d'une régénération physique. Avant de rejeter le tort à la fatalité, il est de notre devoir de tenter un généreux effort. Peut-être, verrons-nous redescendre la courbe de notre morbidité le jour où, au lieu d'avortons et de guenilles humaines, nous aurons dans nos rangs de vigoureux sujets.

CHAPITRE II

L'éducation physique dans le milieu militaire.
Critique de la nouvelle gymnastique.

Plusieurs s'étonneront peut-être de nous entendre parler de *culture physique* comme d'une nouveauté, aujourd'hui surtout où la question de l'éducation corporelle a pris dans tous les milieux une si grande extension. Voici quelque vingt ans déjà que semblable sujet inspire livres sur livres; il y aurait toute une bibliothèque à faire rien qu'avec les ouvrages ayant trait à cette question.

Mais, en fait d'éducation physique, remarque un de nos plus chauds partisans de l'athlétisme, « nous méritons, nous Français, cette critique qu'un ancien adressait au peuple le plus léger et le plus spirituel de la Grèce : « Les Athéniens savent ce qui est bien; les Spartiates seuls le pratiquent. » Plus que tout autre peuple, nous vantons les bienfaits de la gymnastique corporelle, moins que tout autre, nous appliquons nos principes. Nous rédigeons programmes sur programmes ; chaque année apporte de nouveaux décrets ministériels, rendant obligatoires les exercices physiques dans les lycées et collèges.

Mais que résulte-t-il de tant de soins? Les prescriptions ministérielles tombent bien vite dans l'oubli; peu à peu, les anciens errements reprennent le dessus ; on supprime ou l'on met au rancart les engins de gymnastique; tous les prétextes sont bons pour dispenser les jeunes gens d'un inutile travail, sans résultat pratique aux examens.

C'est qu'ils ont tant à faire nos collégiens, si absorbés par leurs études! Et d'ailleurs que leur sert d'être forts et musclés? Laissons aux brutes, aux professionnels, les biceps noueux, les torses d'acier. Tant mieux pour « nos petits mignons » si plus tard on les ajourne; la corvée du service militaire leur sera épargnée, au grand profit de leurs études et de leur carrière!

Ainsi, par suite d'une compréhension absurde de l'éducation, nous faisons de nos écoles de véritables prisons, où longtemps restent incarcérées et comprimées les forces de la première jeunesse. Dans un coupable égoïsme, nous n'oublions pas seulement que le pays aura un jour besoin des bras de nos enfants, mais, aveuglés par un sentiment d'orgueil mal placé, flattés surtout par les succès universitaires de nos petits prodiges, nous négligeons leur santé, cherchant à en faire des savants, avant d'en faire des hommes!

Et voilà comment, des bancs de l'école, les jeunes gens arrivent au régiment faibles, débilités, déjà vieux, les membres grêles et sans forces, le thorax rabougri. Pourquoi nous étonner alors s'il en est peu qui résistent aux fatigues du service, si beaucoup considèrent comme un injuste et trop lourd impôt le sacrifice de quelques mois que la patrie leur réclame?

On a bien dit cependant que la France est le pays des sports. A leur sortie de l'école, les jeunes gens n'ont plus aujourd'hui que l'embarras du choix, pour trouver dans un genre d'exercice approprié à leur goût une détente utile, ou la source d'une nouvelle activité. Avec la bicyclette, qui, grâce à ses nombreux adeptes, est devenue pour l'Etat l'objet d'un nouvel impôt productif, quantité de sports ont pris leur essor, se sont développés, ayant chacun leur « club » érigé en véritable société avec ses règlements, ses statuts, ses privilèges.

Nous ne voulons pas trop médire de ces tendances sportives; mais, sans les condamner, nous oserons prétendre qu'elles influeront peu sur le développement de notre race. Bien rares, en effet, sont ceux qui n'assignent d'autre fin à leur sport préféré que la conservation de leur santé. La plupart y recherche l'unique satisfaction d'un plaisir, parfois même d'une sotte vanité.

Pourrait-il en être autrement, alors que déjà, à l'âge où nous cultivons quelque exercice physique, notre corps alourdi, devenu paresseux, presque infirme, est incapable d'efforts prolongés et violents? Aussi les sports le plus à la mode aujourd'hui n'exigent-ils aucune musculature; mieux que la force et la vigueur physiques, leur conviennent les épaules factices de coton et de ouate, l'harmonie des chevelures aux raies lustrées, la coquille de noix, ou le caoutchouc *Old'Englan*. S'il existe des sociétés où les exercices musculaires paraissent rester en honneur, on peut se rendre compte qu'on y travaille surtout en vue de la parade, à la recherche d'une élégance qu'il vaudrait mieux laisser aux femmes!

La culture physique, pratiquée en vue seulement de développer harmoniquement le corps, est devenue chez nous le monopole d'un petit nombre d'individus, qui, pour la plupart, sont des professionnels. La gymnastique, en France, loin de tendre la main aux faibles, au lieu d'utiliser toutes les forces de la nation, sous quelques formes qu'elles se présentent, exclut le plus grand nombre, favorisant la seule sélection.

Mais d'autres raisons militent en faveur de ces critiques. Une culture rationnelle du corps n'exige pas seulement pour condition essentielle le fonctionnement suffisant de nos muscles, elle consiste aussi, dit le professeur Sthrely, dans le mélange des exercices qui se corrigent et se complètent en quelque sorte l'un par l'autre ». Or, la spécialisation en matière de sport est, en France, la caractéristique dominante de nos exercices physiques, et, s'il en est ainsi, c'est que, pour la plupart, les préoccupations de l'hygiène restent à peu près nulles ou du moins toujours insuffisantes à combattre l'amour du plaisir. Cette spécialisation entraîne toujours des résultats défectueux. Chez l'un, certains groupes musculaires s'hypertrophient aux dépens d'autres muscles qui dégénèrent; chez un autre, le développement excessif du poumon s'allie à la débilité des membres. Tel coureur qui couvrira sur ses pneumatiques de fantastiques distances ne pourra supporter le plus léger fardeau ; tel athlète qui terrassera vingt lutteurs ne pourra se livrer à une course un peu vive sans tomber essoufflé.

Ainsi, bien avant de nous appliquer à la culture primordiale et générale du corps, nous avons la tendance de nous spécialiser. C'est là une grave faute, car, « avant de s'adonner à un sport, il est de toute nécessité de se faire un corps solide, entièrement prêt aux efforts spéciaux ». La spécialisation trop hâtive, en matière d'exercices physiques, ne saurait contribuer à une éducation rationnelle; mais, en restreignant le champ de l'entraînement, elle se prête à la pratique exagérée d'un même genre d'exercice, qui, pour les sujets faibles, incomplètement développés ou entachés de quelque tare organique, devient le plus souvent une cause de surmenage et d'épuisement prématuré.

Ces quelques considérations critiques ne nous ont point fait perdre de vue le véritable objet de notre discussion. Mais, avant d'envisager pour le soldat la question d'une éducation physique rationnelle, nous avons cru devoir exposer brièvement les principales raisons de son inaptitude et prévenir les objections de ceux qui prétendent impossible le relèvement de notre race.

Si les jeunes gens arrivent au régiment, encore incomplètement formés, la plupart sans vigueur, sans force de résistance, n'accusons pas toujours une hérédité entachée, le vice irrémédiable d'une race qui s'éteint d'elle-même par le vieillissement ou victime d'une mystérieuse fatalité. C'est sur notre système d'éducation absurde, et sur lui seul, que nous devons en rejeter tout le tort.

Qu'on ne nous accuse pas cependant de vouloir militariser la jeunesse de nos écoles. En Allemagne, les exercices de l'enfant, tout autant que ceux du soldat, conservent encore le caractère d'une préparation à la guerre; l'appel que *Jehan* et *Jœger* adressaient à la jeunesse de leur pays en 1811, au nom du salut de la patrie et dans le but formel de la régénération allemande, garde, à cette heure, son écho jusque dans les écoles de tous degrés, où l'enfant, comme le jeune homme, doit apprendre à se raidir moralement et physiquement. Proposer un tel exemple, ne serait-ce pas trop aller à l'encontre des idées actuelles qui donnent à la puissance de l'armement, à la science de la guerre toute efficacité pour le succès des prochaines campagnes? Mais nous osons bien prétendre que nos éducateurs ne devraient point perdre totalement de vue ces années de service militaire que la loi impose aujourd'hui à tout Français. S'il est déjà dangereux de trop se bercer dans la douce illusion qu'une guerre n'est plus possible, il ne l'est pas moins, dans l'intérêt de notre race, de ne s'attacher qu'à une éducation exclusive de l'intellect, au détriment de la santé du corps. Contre les prétent ons mesquines des beaux esprits de notre époque, la plus légitime philanthropie doit réclamer ses droits.

Mais, en attendant que s'opère pour l'enfant la renaissance d'une éducation physique rationnelle, l'armée a le devoir de tenter tout effort susceptible d'améliorer la santé et la vigueur physique du soldat. On s'est d'ailleurs ému dans le milieu militaire de la faiblesse des nouveaux soldats. Les récentes prescriptions ministérielles, les modifications apportées au règlement sur l'instruction de la gymnastique dans les corps de troupes témoignent de l'importance qu'on attache au développement de la vigueur physique.

Aux anciens procédés que l'empirisme seul avait déterminés, on a substitué une méthode d'entraînement plus rationnelle basée sur des données scientifiques et répondant au véritable but de l'éducation physique militaire : « donner au soldat la souplesse et la vigueur; le rendre apte à supporter les fatigues et les privations de la guerre ».

La nouvelle gymnastique, réglée par le décret ministériel du 22 octobre dernier, n'est qu'une application du principe qui préside au système suédois d'éducation physique : « développer l'organe par la mise en jeu convenable de sa fonction ».

On ne saurait évidemment créer une méthode plus rationnelle. La gymnastique suédoise, considérée en elle-même, est à l'abri de toute critique, comme étant l'application directe de la loi de l'évolution des organes. Mais, s'adressant à une collectivité telle que l'armée, composée d'individus de toutes catégories, donnera-t-elle tout le succès attendu? C'est une question qu'il est permis d'envisager et de discuter surtout au point de vue de sa portée pratique.

Il faut remarquer, en premier lieu, que tout l'effet de cette gymnastique spéciale réside dans la seule perfection de son exécution.

Il est essentiel que chaque mouvement soit rigoureusement effectué suivant les conditions prescrites, donnant au jeu des articulations le maximum d'amplitude, aux muscles l'occasion de faire appel à toute leur activité fonctionnelle. Or, cette perfection du mouvement libre réclame déjà une éducation spéciale du sujet, éducation d'autant plus difficile qu'elle a contre elle, le plus souvent, la paresse et le mauvais vouloir.

N'est-il pas chimérique de penser que le soldat prêtera toute l'attention désirable à l'exécution d'un exercice dont il ne peut comprendre l'effet utile et qu'il considère toujours comme une ennuyeuse corvée? Qu'on assiste à quelques séances de gymnastique, et l'on se rendra compte très vite des conditions défectueuses de son application.

Les exercices respiratoires, dont l'importance est capitale pour le développement du thorax et l'augmentation de la capacité fonctionnelle du poumon, ne seront jamais convenablement exécutés. Le règlement prescrit que les mouvements combinés des membres supérieurs soient simultanés à des inspirations et expirations profondes. Il est même ajouté dans un article additionnel que les hommes doivent inspirer par le nez et expirer par la bouche. Comment les moniteurs pourraient-ils s'assurer que leurs élèves se conforment à la règle? Les bras s'élèvent et s'abaissent en cadence, au gré de l'instructeur, mais l'expansion thoracique reste toujours limitée, n'étant que très faiblement sollicitée par les mouvements, ne l'étant presque jamais par un acte de la volonté.

Dans un autre ordre d'idées, nous croyons devoir reprocher à l'ensemble des nouveaux exercices de ne répondre que de très loin au but proposé, en s'appliquant surtout au développement de la souplesse bien plus qu'à celui de la force physique. Les différents agrès et appareils n'ont été supprimés, en grande partie, que parce qu'ils semblaient destinés à développer d'une manière trop exclusive la force musculaire et l'aptitude à vaincre des difficultés exceptionnelles.

Ainsi, suivant toujours les mêmes errements du passé, nous tombons d'un excès dans un autre, et, sous prétexte que nos soldats n'auront pas à exécuter devant l'ennemi des tours de force ou d'acrobatie, nous jugeons inutile de leur donner du muscle, préférant développer avant tout les aptitudes indispensables au service de leur arme. En un mot, c'est toujours une éducation spéciale que nous avons en vue : faire du soldat un fantassin, un cavalier, bien avant d'en faire un homme doué de toutes les qualités physiques susceptibles d'augmenter son endurance. Chez le fantassin entraîné, qui parvient à parcourir sans fatigue de très longues étapes, chez le cavalier assoupli, préparé de longue date aux plus pénibles chevauchées, il faut seulement reconnaître le développement d'une aptitude particulière, et non la preuve certaine d'une meilleure robusticité. Il en est, le plus souvent, de nos meilleurs soldats, comme de ces gymnasiarques, acrobates ou athlètes, dont les tours nous étonnent, mais qui, sous la fausse apparence de la vigueur, cachent l'état précaire de leur santé générale. L'observation ne nous démontre-t-elle pas chaque jour qu'une culture physique mal dirigée, ou n'envisageant que le développement exclusif de quelques organes, loin d'augmenter la résistance de l'individu, diminue la somme de ses forces et sa vitalité. Les statistiques font ressortir la faible longévité des athlètes forains, produits factices d'une éducation irraisonnée et exclusive; beaucoup, parmi ces derniers, meurent jeunes et phtisiques. Quelques détracteurs de la force physique argumentent de cette constatation : nous ne pensons pas qu'il soit utile de réfuter leur paradoxe.

C'est donc, avant tout, une éducation générale qu'il

faut viser pour bien entraîner nos soldats, leur assurer la santé, dans le temps de paix, tout en les préparant physiquement aux surprises d'une guerre, qui, en dépit de nos pusillanimes espérances, peut encore, un jour ou l'autre, nous réveiller de notre funeste torpeur.

Ce n'est pas assez de déraidir ces jeunes vieillards que le pays nous envoie, de donner aux plus engourdis agilité et adresse; il convient aussi de leur faire un corps solide, par le développement normal et proportionné de tous les groupes musculaires sans exception, car, à la plastique des formes extérieures est intimement lié l'état anatomique et physiologique de tous les organes.

Le muscle n'est pas seulement, comme on le croit trop communément, la condition de la force physique; il est tout autant celle d'une santé robuste. Ne savons-nous pas que les plus essentiels de nos organes viscéraux, les poumons et le cœur, sont renfermés dans une cage osseuse, dont le fonctionnement est sous la dépendance étroite de groupes musculaires importants, spécialement destinés aux mouvements inspiratoires? Or, à n'envisager que le soldat, cavalier ou fantassin, quels organes de l'économie, plus que le poumon et le cœur, réclament pour celui-ci l'intégrité absolue de leur fonction? On a dit que la cage thoracique contenant les organes de la respiration et de la circulation du sang était une des jauges les plus exactes de la machine humaine, dont elle est le foyer de combustion. Rien n'est plus juste: et, s'il en est ainsi, ne convient-il pas de donner à cette cage thoracique son plus grand développement possible, de nos jours surtout, où les affections pulmonaires et cardiaques prédominent dans la pathologie de nos soldats. Mais un développement parfait du thorax ne s'obtient que par celui des groupes musculaires qui participent non seulement à son fonctionnement, mais aussi à sa constitution anatomique. A côté des muscles destinés plus spécialement aux mouvements respiratoires, il en est d'autres qui, au point de vue morphologique, jouent un rôle très important. Nous ne signalerons que les muscles dorsaux, fixateurs des épaules, dont l'atrophie, si fréquente, provoque la voussure du dos, la déviation des épaules en dedans, toutes conditions essentiellement défectueuses pour un bon développement de la poitrine.

Et quels bénéfices encore nos soldats retireraient d'une gymnastique susceptible d'accroître, dans de justes limites, leur force dynamique ! Avons-nous songé que beaucoup de nos petits troupiers, sous l'équipement de guerre, doivent porter presque la moitié de leur poids ? Cette seule constatation n'aurait peut-être pas permis à beaucoup de nos camarades de l'armée de tourner en ridicule l'originale mais très judicieuse conception d'un « roule-sacs » pour fantassin dont un médecin militaire vient de nous faire part.

Il faut se souvenir aussi que tous les appareils ont dans leur constitution du tissu musculaire non moins susceptible de développement que nos organes contractiles de la vie de relation. Le cœur principalement, aux exercices de force bien conduits, subit un changement de volume et de structure : « Les fibres musculaires prennent de l'accroissement et surtout leur tissu devient plus ferme et plus dense; il se dépouille de la graisse qui le gênait et ôtait à ses fibres leur ténacité. Or, cette modification est éminemment favorable, car un cœur vigoureux chasse le sang avec énergie et lui fait traverser sans difficulté la trame des organes. L'impulsion plus énergique donnée au sang s'oppose à l'engorgement des vaisseaux capillaires des poumons et supprime ainsi une cause très puissante d'essoufflement : la congestion pulmonaire passive. »

Enfin, ne convient-il pas de rappeler que beaucoup

d'affections, chez le soldat, sont la conséquence des atrophies musculaires, comme les entorses, les luxations, les hématomes, les déchirures, les hernies, les ptoses, les reins mobiles ou flottants, les varices, etc. Sans vouloir faire de la gymnastique militaire une gymnastique médicale, il ne semble pas inutile d'y rechercher un excellent moyen prophylactique susceptible d'atténuer la fréquence de blessures ou d'accidents qui, tout légers qu'ils soient, ne s'ajoutent pas moins aux causes trop nombreuses d'indisponibilité.

Ce n'est donc pas sans raison que nous combattrons les idées actuelles tendant à n'accorder qu'une très faible importance au développement de la force musculaire chez le soldat. Nos hommes ont besoin de muscles, de muscles forts et bien proportionnés. La vigueur musculaire ne leur donnera pas seulement une force dynamique suffisante, mais elle sera pour eux la première condition d'une santé vraiment robuste, le développement normal de la musculature étant intimement lié, comme nous venons de le voir, à l'intégrité absolue de nos organes et de nos fonctions physiologiques.

La gymnastique militaire, pour être rationnelle, doit donc accorder une aussi large part au développement de la force physique qu'à celui de la souplesse et de l'agilité. Si elle ne répond à ce double but, qui n'est autre que celui d'une culture générale du corps bien comprise, elle s'écarte de son véritable objet; elle n'est plus qu'une éducation spéciale, un mode particulier de l'exercice. Mais la spécialisation, en matière d'éducation physique, est la première faute à éviter; c'est à la culture primordiale de l'organisme tout entier qu'il faut d'abord porter ses soins.

Mieux que toute autre, la méthode suédoise, grâce à l'excellence de son principe, vise l'effet général; rigoureusement suivie, elle ne peut que donner des résultats parfaits. Mais encore, sur la question du développement des muscles, son application dans l'armée nous paraît justiciable de quelques critiques.

Beaucoup de ses mouvements libres réclament de la part de l'exécutant une grande attention, tout au moins un effort de volonté suffisant pour faire appel à toute la puissance contractile du muscle. Or, pour les exercices visant plus particulièrement le développement des groupes musculaires, il en est comme des mouvements respiratoires, qui, le plus souvent, sont très mal exécutés, soit par ignorance des sujets, soit par faute d'attention ou de bonne volonté. Toutes les flexions ou extensions du tronc notamment, avec ou sans appui, se limitent au gré des élèves, qui n'ont d'autre souci que celui de donner le moins d'effort possible et de s'éviter toute fatigue. Cette première défectuosité dans la pratique des exercices suffit pour diminuer beaucoup l'effet utile d'une gymnastique, dont toute la valeur réside dans la correction absolue des mouvements.

Il n'est pas moins intéressant de remarquer que le nouveau programme de gymnastique militaire est spécialement destiné aux régiments d'infanterie. Mais restreindre ainsi le domaine de l'éducation corporelle à la seule préparation du fantassin, c'est méconnaître le rôle primordial que la culture physique doit garder dans l'intérêt de tous. Si, en réalité, nous lui assignons comme but principal le développement de la vigueur physique, si nous voulons en faire une excellente mesure d'hygiène prophylactique, il est à désirer que tous nos soldats, sans distinction d'armes ou de services, participent à ses avantages, car tous ont les mêmes besoins, payant dans d'égales limites leur tribut aux maladies.

Le cavalier, tout autant que le fantassin, mérite qu'on ait quelque souci de sa santé. Ne faut-il pas songer que la majeure partie des jeunes soldats incorporés dans les régiments de cavalerie est constituée de cultivateurs et d'ouvriers, pour qui les exercices à cheval sont souvent, dans les débuts, extrêmement pénibles? Nous n'avons pas qualité pour discuter les conditions d'aptitude physique requises aux cavaliers, mais nous prétendons, sans trop nous risquer, que le développement normal et proportionné de la musculature leur est tout aussi indispensable que celui de la souplesse et de l'agilité. Semblable opinion a contre elle, nous n'en doutons pas, l'avis de beaucoup d'instructeurs, qui n'ont d'autre but que celui de placer leurs élèves en selle, de les assouplir, de leur apprendre, dans toute la perfection désirable, la conduite du cheval.

Mais on oublie trop, peut-être, qu'il ne suffit pas de préparer le soldat à des évolutions sur un terrain de manœuvres, à des exercices de manèges, à des parades d'inspection. Songeons-nous assez que les exigences du service en temps de paix, que le surmenage, même intense, ne sont nullement comparables aux privations et aux fatigues d'une guerre, aux conditions d'une campagne, où la résistance physique et la vigueur de l'homme vaudront tout autant, sinon mieux, que les connaissances techniques? Et, puisque, enfin, le cheval, instrument vivant de combat, est à juste titre l'objet de tous nos soins, nous semblerait-il superflu de perfectionner aussi, au point de vue de sa valeur physique, le cavalier, machine de guerre comme lui, mais combien plus digne d'intérêt?

Laissons courir sur des chevaux superbes des jockeys difformes et hideux; mais, si nous ne voulons pas nous réserver pour plus tard de trop cruelles déceptions, faisons d'abord de nos soldats des hommes. Leur santé, avant tout, nous assurera un nombre suffisant de combattants, tout en restant pour la force de notre armée un élément indispensable et primordial.

Même dans l'hypothèse qu'une guerre n'est plus possible aujourd'hui, n'envisageant d'autre but que celui de développer chez nos soldats l'aptitude au cheval, nous ne devrions pas ignorer les avantages que leur procurerait une éducation physique générale. Prétendre que la musculature est une condition anatomique incompatible avec les qualités de souplesse et d'agilité, c'est méconnaître les lois les plus élémentaires de la mécanique physiologique. Sans doute, l'hypertrophie musculaire peut, dans une certaine mesure, gêner les mouvements, mais le développement proportionné des muscles qui entourent une articulation constitue la condition la plus favorable à son parfait fonctionnement. La souplesse n'est pas due, comme beaucoup le pensent, à la seule élasticité des éléments fibreux de contention des surfaces osseuses, elle réside autant dans l'équilibre anatomique et fonctionnel des différents groupes musculaires qui commandent aux leviers osseux et dans leur indépendance d'action.

Est-il encore besoin de rappeler que bon nombre d'affections du cavalier sont la conséquence de la débilité musculaire? Que de luxations et d'entorses sont redevables à l'insuffisance des ligaments actifs articulaires, qui ne sont autres que les muscles! Que de hernies seraient évitées, si la sangle abdominale du cavalier était plus résistante!...

... Nous ne nous attarderons pas davantage à démontrer l'utilité d'une culture physique générale, pratiquée dans tous les corps de troupe, en vue d'accroître la vigueur de l'homme, bien avant de le spécialiser au service de son arme. Peut-être nous a-t-on déjà accusé de vouloir accorder une trop large part aux exercices de gymnastique, au détriment de l'instruction technique.

Si, dans les régiments d'infanterie, on peut consacrer aux exercices physiques une bonne fraction du tableau de travail, dans tous les autres corps de troupe l'instruction technique trop longue et trop spéciale ne permet pas de leur attribuer une aussi grande importance. Nous ne réfutons pas l'argument, mais nous le retournons contre le programme actuel des exercices de gymnastique, que nous reconnaissons inapplicable dans la plupart des régiments. Réduits à leur plus petit nombre possible, mais dans la mesure que permet une méthode d'entraînement rationnelle, ces derniers ne demandent pas moins de deux heures de travail par jour; c'est le temps le plus court qu'on puisse leur accorder, si du moins on veut en obtenir des résultats appréciables. Il faut des moniteurs éduqués, capables de les faire exécuter avec toute la correction désirable. C'est enfin aux officiers instructeurs qu'est laissé le choix des divers mouvements paraissant le mieux appropriés aux besoins des élèves.

Cet ensemble de conditions, établi par le règlement, déjà assez difficile à réaliser dans les corps d'infanterie, ne peut se retrouver dans tout autre milieu, où l'éducation corporelle générale est reléguée au dernier plan. Pour cette seule raison déjà, partout où la gymnastique ne peut être régulièrement appliquée, les jeunes soldats ne sont astreints qu'à l'exécution des anciens exercices, dont on a pourtant reconnu aujourd'hui l'inefficacité. Quelques mouvements mal réglés, quelques tractions aux agrès constituent tous les moyens de culture physique, qu'on s'empresse de délaisser au profit de l'instruction technique; et ainsi l'éducation corporelle générale, dans la plupart des régiments, ne devient plus qu'un mythe, non sans être déjà dans ses inutiles essais un objet d'ennui et de corvée pour tous, une perte de temps.

Ces considérations critiques sur l'éducation physique dans l'armée nous ont guidé dans la recherche d'un procédé nouveau, répondant en tous points à notre conception de la gymnastique militaire. Accroître à son plus haut degré la vigueur corporelle des hommes, par des moyens simples et rapides, mais à la portée de tous, applicables à tous les corps de troupe, sans distinction d'armes ou de services, tel est, à notre avis, le véritable but vers lequel doit tendre un système pratique d'éducation physique. Des dernières réformes de cette année à la réalisation de ce programme, il ne reste plus qu'un pas à faire : l'exposé qui va suivre en fournira la preuve.

CHAPITRE III

Un procédé nouveau de culture physique générale approprié aux besoins du soldat. — Expérimentation et résultats.

Nous avons reconnu l'excellence du principe de la nouvelle gymnastique militaire ; aussi est-ce uniquement son application à la collectivité que nous voulons modifier.

Le double but que nous nous proposons est :

1° De faire rendre à cette gymnastique tout son effet utile ;

2° De la généraliser à tous les corps de troupe.

Notre méthode doit donc réunir plusieurs conditions, que nous résumons dans les trois lois suivantes :

1° Tous les mouvements d'une gymnastique appliquée à une collectivité seront simples et faciles pour que, exécutés avec toute la correction désirable dès les premières leçons, ils permettent d'éviter la perte de temps occasionnée par l'enseignement individuel.

La difficulté d'un exercice étant en raison directe du nombre de muscles utiles à son exécution, le vrai moyen de simplifier la gymnastique consiste dans le choix des mouvements qui mettent en jeu le plus petit nombre de muscles possible ou un seul système musculaire. Cette condition remplie a pour autre avantage de rendre l'exercice moins fatigant, tout en augmentant son effet physiologique par la localisation de ce dernier sur un groupe d'organes plus restreint.

2° Les exercices seront aussi peu nombreux que possible, les divers mouvements étant choisis de telle façon que leur effet puisse successivement intéresser chaque organe ou chaque groupe musculaire.

Cette deuxième règle a autant pour but d'abréger les séances de gymnastique que de permettre la répétition quotidienne des mêmes mouvements. Ce point est de toute importance, si l'on veut obtenir d'une gymnastique rationnelle le développement rapide et proportionné de tous les organes sans exception.

3° L'effet de l'exercice doit rester indépendant de la volonté de l'exécutant.

Cette dernière condition est la plus essentielle pour l'application d'une gymnastique libre à une collectivité; c'est d'elle que dépendent tous les résultats.

Nous avons déjà dit et nous croyons devoir rappeler encore qu'il y a lieu de tenir compte du peu d'attention que le soldat apporte à l'exécution d'un exercice où il lui est si facile de limiter ses efforts. Que la gymnastique suédoise, ou tout autre système de mouvements libres, produise d'excellents résultats chez les sujets désireux d'accroître leur force et leur souplesse, s'entraînant, pour leur bon plaisir, sous la surveillance et la direction de professeurs spécialistes, nous ne saurions en disconvenir; mais, jusqu'au jour où semblable méthode aura fait ses preuves dans une collectivité telle que l'armée, nous persisterons à croire qu'elle restera sans effet appréciable sur une majorité de sujets paresseux et indifférents.

Nous attachons donc une très grande importance au moyen que nous avons adopté, pour obliger les hommes à exécuter rigoureusement chacun des mouvements libres qui leur seront prescrits. Entre le moniteur qui commande et l'élève, nous plaçons un agent intermédiaire, dont l'inertie fait toute la force : cet agent n'est autre qu'*un poids léger*.

Nous avons hâte de prévenir le lecteur que notre *gymnastique au poids léger* n'offre aucun caractère de l'entraînement athlétique proprement dit. Remarquons bien qu'il s'agit d'un poids *léger* et non d'un poids *lourd*. Cette distinction est essentielle, tout exercice au poids lourd n'étant qu'une application de forces déjà acquises, alors que l'entraînement au poids léger constitue un procédé rationnel de culture physique générale.

Nous nous servons d'haltères en fonte ouvrée, pesant quatre et cinq kilogrammes. Nous estimons qu'on ne doit pas dépasser ce dernier chiffre.

Notre modèle diffère légèrement de la forme ordinaire. La tige en fer reliant les deux sphères possède un diamètre relativement large, qui ne doit jamais être inférieur à 25 millimètres; sa longueur n'excède pas 12 centimètres, cet écart des deux sphères étant suffisant quelle que soit la largeur des mains des élèves. Si nous donnons ces mesures, c'est que nous leur accordons une certaine importance dans la confection du poids. Il est essentiel que ce dernier soit suffisamment enserré dans les doigts, pendant le cours des exercices; la grosseur de sa tige facilite la préhension, et celle-ci, plus complète, sollicite mieux l'action des muscles extenseurs et fléchisseurs de l'avant-bras.

Le poids léger n'est donc, dans notre système, qu'un adjuvant, mais un adjuvant très utile. Il a d'abord pour principal effet de forcer la volonté des élèves, de leur faire exécuter les mouvements avec toute la correction désirable, et à ce premier avantage il ajoute celui de mettre en jeu, dans une plus large mesure, la contractilité et l'élasticité musculaires.

Ces résultats, déjà fort appréciables, en entraînent encore d'autres, dont l'importance n'est pas moindre. La résistance du poids sollicitant plus que le mouvement libre l'activité musculaire, l'effet physiologique de nos exercices se trouve sensiblement augmenté; mais, en même temps que les combustions organiques deviennent plus intenses à ce surcroît de travail, les mouvements inspiratoires gagnent en amplitude, le champ de l'hématose s'agrandit, la cage thoracique se dilate, ce qui est le plus grand bénéfice à rechercher dans toute méthode d'entraînement.

Nous limitons nos séances de gymnastique à douze mouvements, sans toutefois sacrifier au nombre de ces derniers l'utilité des exercices. Ces douze mouvements sont choisis et combinés de telle façon qu'en exerçant successivement chaque groupe du système musculaire, ils contribuent, en même temps, au meilleur développement du thorax. Sans prétendre donner à notre gymnastique un caractère médical, nous n'avons pas perdu de vue le but que nous nous sommes proposé avant tout : développer de préférence les organes dont l'intégrité anatomique est de toute nécessité pour la conservation de la santé, et ceux-là surtout dont la faiblesse relative constitue les malformations les plus habituelles au soldat.

Pour le choix de ces différents exercices, nous nous sommes beaucoup aidé de la méthode d'entraînement de M. Desbonnet, le professeur de culture physique si connu, qui ne nous a point ménagé ses encouragements pour mener à bien cette œuvre de régénération physique nationale, éminemment patriotique, dont il est un des plus heureux promoteurs. Nous signalons, en passant, au lecteur, son ouvrage sur la *Force physique*, où l'exposé très clair de quelques méthodes d'entraînement athlétique ne pourra que profiter à tous ceux qu'intéressent encore les questions d'éducation corporelle. Nous tenons à remercier le professeur Desbonnet de la bienveillance qu'il nous a témoignée; si le succès couronne nos efforts, c'est à lui qu'en reviendra tout l'honneur.

. . . .

Nous donnons ici toute la série des mouvements qui nous ont paru le mieux appropriés à l'entraînement du soldat, aussi bien par leurs effets sur le développement général du corps que par la facilité de leur application. L'exposé de chaque exercice est suivi de l'énumération des groupes musculaires dont le fonctionnement contribue à son exécution.

I. — EXERCICES

EXERCICE N° 1. — *Position de départ : le bras droit replié et le bras gauche allongé, la paume de la main droite en avant.*

Fléchir alternativement chaque avant-bras sur le bras et l'étendre ensuite complètement, sans que le coude bouge, de telle sorte que, pendant qu'une main monte, l'autre descente, l'haltère s'élevant chaque fois à la hauteur de l'épaule et contre elle. (DESBONNET.)

EXERCICE N° 2. — *Même position de départ; mais la paume de la main droite en arrière (en supination). Mouvement alternatif comme dans le n° 1.* (DESBONNET.)

Exercices n°s 1 et 2 : Muscles fléchisseurs et extenseurs des doigts; muscles fléchisseurs de l'avant-bras, muscles antérieurs du bras.

FIG. N° 1. — Position de départ dans l'exercice n° 6.

EXERCICE N° 3. — *Position de départ : le bras gauche tendu horizontalement en avant, les ongles en dessous, le bras droit allongé sur le côté du corps.*

Descendre le bras gauche en remontant en même temps le bras droit à hauteur de l'épaule. Le mouvement se continue ainsi alternativement. (DESBONNET.)

Muscle antérieur de l'épaule : deltoïde antérieur.

Exercice nº 4. — Position de départ : le bras gauche tendu horizontalement suivant la ligne des épaules, les ongles en dessous.

Fig. nº 2. — Septième mouvement. Exercice des muscles fixateurs de l'épaule. (Très important pour le développement du thorax.)

Mouvement alternatif, comme précédemment, mais le bras s'étendant latéralement. (DESBONNET.)

Muscle deltoïde : faisceaux latéraux et postérieurs.

Exercice nº 5. — Les bras étendus le long du corps. Elévation simultanée et latérale des deux bras au-dessus de la tête.

A la position d'arrivée, les faces dorsales des mains

doivent se trouver en contact. Les bras doivent toujours être maintenus dans l'extension complète. (L'AUTEUR.)

Muscle deltoïde, muscle triceps, muscles élévateurs de l'épaule, trapèze, etc., etc.

Fig. N° 3. — Huitième mouvement. Exercices des dentelés et des obliques abdominaux.

EXERCICE N° 6. — *Position de départ : les deux coudes placés latéralement à hauteur de la ligne des épaules.*

Les avant-bras fléchis de telle sorte que les mains se trouvent placées en avant de chacune des épaules (position du nageur).

Etendre simultanément les deux bras en les portant horizontalement en arrière aussi loin que possible, puis, les maintenant toujours tendus, descendre les haltères en arrière du dos jusqu'au contact des fesses. (L'AUTEUR.)

Muscles fixateurs de l'épaule en arrière, muscle triangulaire de l'omoplate, muscle rhomboïde, muscle triceps, muscle grand dorsal, etc., etc.

EXERCICE N° 7. — *Le bras droit étendu latéralement à hauteur de la ligne des épaules, les ongles en dessus, l'avant-bras gauche fléchi, la main au-dessus de l'épaule.*

Fléchir l'avant-bras droit sur le bras et étendre en même temps complètement le bras gauche.

Continuer ainsi alternativement sans baisser les coudes ni les bras au-dessous de la ligne des épaules. (DESBONNET.)

Muscles fixateurs de l'épaule, muscle de la racine du bras, muscle biceps, etc.

EXERCICE N° 8. — *Position de départ : le bras gauche étendu latéralement le long du corps. Le bras droit étendu, la main au-dessus de la tête.*

Flexion latérale aussi prononcée que possible du tronc sur la hanche gauche, puis flexion sur la hanche droite.

Les mouvements se continuent ainsi alternativement; pendant que l'un des bras s'abaisse, l'autre s'élève (mouvement de balancier). (L'AUTEUR.)

Muscles abdominaux latéraux, muscles obliques.

EXERCICE N° 9. — *Etant couché sur le dos, les talons ne quittant pas le sol, la pointe des pieds tendus en avant, les bras allongés en arrière, dans le prolongement du corps. Relever le buste en tenant les haltères au bout des bras tendus et venir poser les mains sur la pointe des pieds. Se recoucher ensuite doucement en exécutant le mouvement inverse.* (DESBONNET.)

Muscle antérieur de l'abdomen ; grand droit.

EXERCICE N° 10. — *Le corps droit reposant sur la pointe des pieds, les talons joints, les bras pendant naturellement :*

1° Se baisser en fléchissant les genoux, sans laisser les talons toucher à terre, et en tendant simultanément et horizontalement les deux bras en avant ;

2° Se relever sur la pointe des pieds, en replaçant les bras dans la position de départ, garder la position cinq secondes et descendre doucement les talons à terre, les jarrets tendus. (L'AUTEUR.)

Muscles antérieurs de la cuisse, muscles extenseurs de la jambe, muscles adducteurs, muscles du mollet.

EXERCICE N° 11. (Facultatif.) — *Même position que dans l'exercice n° 9.*

Elévation alternative et verticale des membres inférieurs, maintenus dans l'extension complète. (DESBONNET.)

Muscles fléchisseurs de la cuisse; muscles psoras-iliaques.

EXERCICE N° 12. (Facultatif.) — *Les mains et la pointe des pieds reposant sur le sol, les mains dans la verticale des épaules, le corps bien droit.*

Baisser et relever alternativement le corps par des flexions et des extensions des bras en ayant soin de ne pas toucher terre avec le buste.

Conserver constamment la tête en arrière, les jarrets bien tendus.

Muscles du dos et de la nuque; muscle triceps brachial, muscle pectoral, etc., etc.

II. — REGLES DE L'ENTRAINEMENT.

La première règle à suivre, dans l'exécution des exercices, est de ne jamais répéter le même mouvement jusqu'à une trop grande sensation de fatigue. Si un fonctionnement convenable des groupes musculaires est susceptible de les développer et de leur conserver l'harmonie des proportions, l'exercice poussé jusqu'à l'excès est pour tous les sujets une condition très défavorable à l'entraînement général; l'activité fonctionnelle d'un organe ne doit jamais être épuisée ; c'est dans la juste limite de sa mise en jeu que réside tout le secret du bénéfice qu'on en attend.

On comprendra pourquoi il ne nous a pas été possible de fixer le nombre de mouvements qu'il convient d'exécuter dans chacun de nos exercices, ce nombre restant sous la dépendance de plusieurs facteurs, tels que le degré d'entraînement des élèves, l'état de leur force acquise, etc. En règle générale, mieux vaut sacrifier la quantité des mouvements à leur variété, de façon à exercer dans d'égales limites tous les groupes de muscles sans exception, l'harmonie des proportions étant le résultat le plus utile à rechercher.

La durée moyenne des séances doit être de trente minutes. Ce temps est suffisant pour épuiser la série des exercices et en obtenir rapidement tout l'effet désirable.

III. — APPLICATION DE LA METHODE.
SES RESULTATS.

L'application de notre méthode vient d'être faite à un peloton de jeunes cavaliers de notre régiment, à l'exclusion, pour ces derniers, de toute autre gymnastique corporelle.

Si la valeur d'une méthode s'apprécie à ses résultats, l'exposé de nos expériences est le meilleur contrôle que nous puissions donner du système d'*entraînement aux poids légers*. Nous consignons, dans les tableaux qui suivent, quelques résultats obtenus.

Mensurations du thorax.

Nᵒˢ matricules.	Noms.	Avant l'entraînement.	Après 1 mois.	Après 3 mois.	Augmentation totale.
1604	Bazet.........	0,90	0,97	0,99	9
1599	Bin..........	0,84	0,89	0,91	7
1712	Pal...........	0,82	0,84	0,89	7
1558	Bou..........	0,89	0,91	0,94	5
1523	Chég.........	0,86	0,89	0,96	10
1507	Dum..........	0,82	0,85	0,89	7
1543	Gras..........	0,86	0,89	0,94	8
1434	Che..........	0,82	0,87	0,88	6
1418	Am...........	0,80	0,83	0,88	8
298	Hen..........	0,81	0,84	0,88	7
504	Lab..........	0,91	0,93	0,96	5
1093	Berr..........	0,87	0,95	0,97	10

Augmentation moyenne : 7 centimètres 2.

Périmètre du cou.

Nᵒˢ matricules.	Noms.	Avant l'entraînement.	Après 1 mois.	Après 3 mois.	Augmentation totale.
1604	Bazet....	0,34	»	0,36	2
1599	Bin.......	0,34	»	0,38	4
1712	Pal.......	0,33	»	0,35	2
1558	Bou.......	0,34	»	0,36	2
1523	Chég.....	0,34	»	0,38	4
1507	Dum.....	0,34	»	0,38	4
1543	Gras......	0,34	»	0,36	2
1434	Che......	0,35	»	0,37	2
1418	Am.......	0,32	»	0,34	2
298	Hen......	0,34	»	0,36	2
504	Lab......	0,35	»	0,38	3
1093	Berr......	0,32	»	0,34	2

Augmentation moyenne : 2 centimètres 5.

Périmètre du bras.

N° matricule.	Noms.	Avant l'entraînement.		Après l'entrain. (3 m.).		Augmentation.	
		Au repos.	Contracté.	Au repos.	Contracté.	Au repos.	Contracté
1604	Bazet....	0,25	0,28	0,28	0,33	3	5
1599	Bin.......	0,27	0,30	0,32	0,36	5	6
1712	Pal.......	0,23	0,25	0,26	0,32	3	7
1558	Bou.......	0,25	0,28	0,27	0,31	2	3
1523	Cheg.....	0,27	0,30	0,28	0,33	1	3
1507	Dum.....	0,26	0,29	0,28	0,34	2	5
1543	Gras......	0,26	0,29	0,28	0,34	2	5
1434	Che.......	0,24	0,27	0,26	0,30	2	3
1418	Am.......	0,25	0,28	0,27	0,32	2	4
298	Hen......	0,27	0,30	0,29	0,36	2	6
504	Lab.......	0,32	0,35	0,33	0,38	1	3
1093	Berr......	0,28	0,29	0,32	0,35	4	6

Augmentation moyenne : 4 centimètres 6.

Périmètre des cuisses.

N°° matricules.	Noms.	Avant l'entraînement.	Après 3 mois.	Augmentation totale.
1604	Bazet.............	0,51	0,55	4
1599	Bin..............	0,48	0,55	7
1712	Pal..............	0,46	0,51	5
1558	Bou.............	0,50	0,54	4
1523	Cheg.............	0,47	0,52	5
1507	Dum.............	0,53	0,59	6
1543	Gras.............	0,51	0,53	2
1434	Che.............	0,47	0,50	3
1418	Am..............	0,48	0,52	4
298	Hen.............	0,56	0,59	3
504	Lab.............	0,63	0,66	3
1093	Berr.............	0,49	0,52	3

Augmentation moyenne : 4 centimètres 1.

Périmètre abdominal.

N°° matricules.	Noms.	Avant l'entraînement.	Après l'entraînement.	Diminution totale.
1604	Bazet............	0,78	0,75	3
1599	Bin.............	0,81	0,79	2
1712	Pal.............	0,75	0,71	4
1558	Bou.............	0,78	0,72	6
1523	Chég............	0,82	0,76	6
1507	Dum.............	0,77	0,73	4
1543	Gras............	0,79	0,75	4
1434	Che.............	0,74	0,67	7
1418	Am.............	0,77	0,73	4
298	Hen.............	0,84	0,79	5
504	Lab.............	0,77	0,73	4
1093	Berr.............	0,77	0,74	3

Diminution moyenne : 4 centimètres 4.

Fig. N° 4. — Un groupe de nos entraînés après soixante jours d'exercices. (Voir les deux premiers sujets de droite avant l'entraînement figures 5 et 6.)

La diminution considérable du périmètre abdominal, qu'accusent les chiffres de notre dernier tableau, demeure une preuve manifeste de l'efficacité de notre système d'entraînement. Dans l'espace de quelques jours, et par un travail modéré, n'ayant jamais provoqué la moindre fatigue, tout le tissu adipeux en excès chez nos sujets a disparu au profit des éléments utiles de l'organisme; la fibre musculaire s'est condensée en se déshydratant.

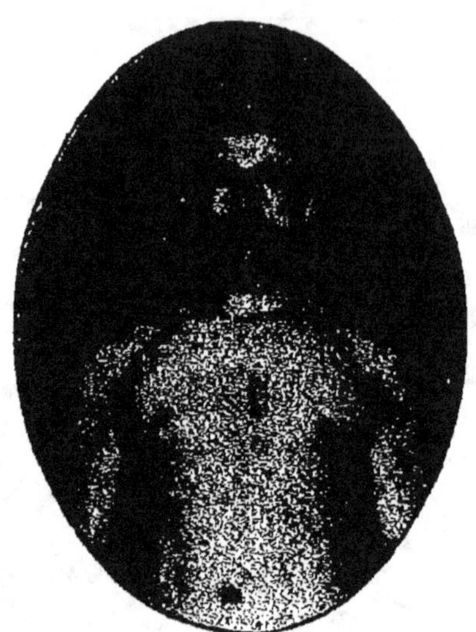

FIG. N° 5. — Le premier sujet de droite de la figure 4 avant l'entraînement.

Il convient aussi de remarquer que cet amaigrissement n'est nullement comparable à la fonte adipeuse, parfois extrêmement rapide, qui s'effectue chez les individus surmenés ou soumis à des exercices physiques intensifs. Chez aucun de nos hommes, le poids n'a diminué; nous avons même pu constater une augmentation moyenne de 1 kilogr. 500, résultat qui dénote d'une façon évidente que seul le *poids spécifique* s'est accru,

la très légère variation du poids absolu chez nos entraînés devant être considérée en réalité comme une diminution si l'on tient compte des proportions. Nous retrou-
vons d'ailleurs une preuve irréfutable de ce fait dans
les données que nous ont fournies les pesées des autres
cavaliers n'ayant pas suivi notre entraînement : malgré
l'accroissement très peu sensible de leurs mesures an-
thropométriques (membres et thorax), ces derniers ont
gagné jusqu'à 3 et 4 kilogrammes correspondant à une

Fig. n° 6. — Le deuxième sujet de droite de la figure 4
avant l'entraînement.

élévation de plusieurs centimètres du périmètre abdominal.

Pour mieux faciliter encore l'appréciation de nos
résultats, nous avons dressé un état comparatif des effets
obtenus par les deux méthodes de gymnastique, appli-
quées dans les régiments d'infanterie (décrets du 25 no-
vembre 1901 et du 31 octobre 1902).

Augmentation moyenne du thorax, des bras et des cuisses.

	Application de la circulaire ministériel-du 25 nov. 1901.	Application de la circulaire ministériel-le du 22 oct. 1902.	Application de notre système d'entraîne-ment.
	Résultats après 4 mois.	Résultats après 40 jours.	Résultats après 40 jours.
Cuisses..................	2,5	0,6	4,0
Bras....................	1,2	0,9	3,0
Thorax..................	1,3	0,6	3,1

Ainsi, après quarante jours, l'entraînement aux poids légers donne des résultats cinq fois plus forts que ceux de la gymnastique réglementaire.

Il faut encore tenir compte des conditions relativement défectueuses dans lesquelles nos expériences ont été faites. Alors que, dans les régiments d'infanterie, on prélève une bonne heure par jour du tableau de travail pour les exercices de gymnastique, la durée moyenne de nos séances n'a pas excédé trente minutes. Nos cavaliers, déjà assez vigoureux et bien constitués avant l'entraînement, étaient moins susceptibles de se développer que les jeunes recrues de l'infanterie, de taille et de périmètres inférieurs. Enfin, on ne doit pas oublier qu'en dehors de la gymnastique proprement dite, ces derniers ont été soumis à beaucoup d'autres exercices, très favorables à leur développement physique, comme le maniement d'armes, l'escrime à la baïonnette, la marche, la course, etc., etc.

Il est encore un point sur lequel nous voulons insister. Parmi les mensurations que nous avons relevées dans les régiments d'infanterie, et dont la deuxième colonne du tableau précédent indique les moyennes, quelques-unes étaient notablement inférieures à celles qui avaient été prises quarante jours auparavant chez les mêmes sujets. Nous avons constaté des diminutions de trois à quatre centimètres des périmètres thoraciques et des

membres. Ce fait n'offre en lui-même rien de bien sur-
prenant, puisqu'il n'exprime que la disparition partielle

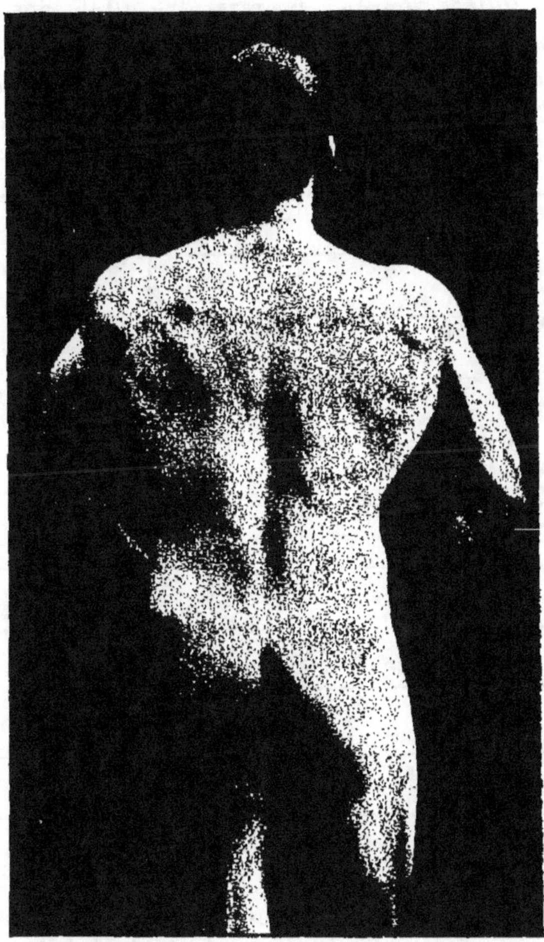

Fig. Nº 7. — Dilatation thoracique obtenue en six mois chez un sujet de 20 ans,
reconnu antérieurement inapte comme engagé volontaire pour faiblesse de
constitution. — Périmètre 104.

du tissu adipeux en excès chez certains sujets; mais il
est intéressant de remarquer que, pour ces derniers, l'ac-

croissement du thorax ou des muscles a été nul, ou tout au moins assez peu sensible pour ne pas compenser l'effet de la disparition du remplissage adipeux sous-cutané.

Tout autres sont les premiers résultats des exercices aux haltères. Pendant quinze ou vingt jours, le volume des membres ne varie pas ou varie très peu, l'équilibre s'établissant entre la perte et le gain; mais bientôt après,

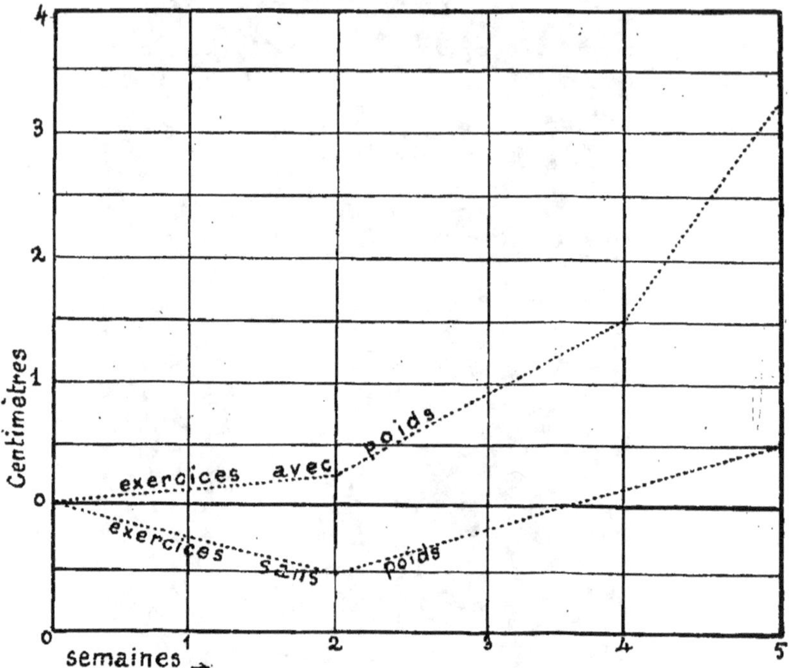

tous les périmètres augmentent dans de notables proportions, à l'exception toutefois de la ceinture abdominale, qui reste stationnaire ou diminue le plus souvent. Le graphique ci-joint schématise bien nos observations.

On voit que, par l'application de la gymnastique avec poids, la courbe des mensurations thoraciques effectue une ascension continue, qui s'élève brusquement au deuxième septenaire, pour atteindre bientôt son maximum. Par les exercices sans poids, au contraire, les thorax se dilatent peu et d'une façon très lente. Cette différence, à l'avantage de la première méthode, nous

FIG. N° 8. — Performance de la musculature du dos chez un de nos infirmiers exercé d'après notre méthode.

paraît offrir le plus grand intérêt, au point de vue de l'effet utile qu'il faut rechercher, dès le début, dans l'éducation physique du soldat. Tout en préparant les hommes aux fatigues et aux privations de la guerre, la gymnastique doit nous rester aussi un des plus sûrs moyens de préserver leur santé dans le temps de paix; c'est surtout en augmentant leur vigueur physique que nous atténuerons, dans notre armée, les méfaits de la morbidité.

La première nécessité qui s'impose à l'arrivée au corps des jeunes soldats est de placer ces derniers dans les meilleures conditions possibles de défense contre les maladies, d'élever leur vitalité générale, pour les rendre moins accessibles aux atteintes microbiennes. Il ne faut donc pas seulement que les moyens mis en jeu pour répondre à ce besoin primordial soient suffisamment efficaces, il faut aussi et surtout qu'ils soient simples et rapides : plus tôt nos hommes seront prêts aux efforts que leur demande le service, plus ils auront de chances d'éviter les infections multiples auxquelles les prédisposent de bonne heure les influences du milieu militaire.

Ce n'est donc pas sans raison que nous avons fait ressortir la supériorité des exercices aux haltères, au point de vue de la rapidité de leurs résultats sur le développement physique de l'individu. Si nous avons moins insisté sur le degré d'augmentation qu'ils donnent aux différents périmètres, c'est que nous attachons une importance très grande à la précocité de leurs effets, ce seul avantage les rendant applicables à tous les corps de troupe, et assurant à tous les hommes, dans le minimum de temps, aux plus faibles comme aux plus forts, un développement suffisant de la vigueur physique.

Nous regrettons que notre champ d'expériences n'ait pas été plus vaste; car pour compléter cette étude, nous aurions voulu apporter des preuves matérielles de l'influence sanitaire que peut exercer sur nos soldats une éducation physique rationnelle. Mais puisqu'il est scientifiquement reconnu que la meilleure manière de ne pas faire du corps humain un *milieu adéquat* pour la pullulation des germes morbides consiste à porter à son summum l'intensité du mouvement vital, on peut bien se permettre ici un *a priori* qui n'est point trop téméraire, en attendant que des observations faites dans cette direction et pour ce but aient prouvé que des soldats entraînés bravent mieux que d'autres les influences épidémiques.

Sans trop présumer de nos résultats, nous tenons cependant à signaler que, parmi tous les jeunes sujets soumis pendant le cours de cet hiver à notre système d'entraînement, un seul a été soigné à l'infirmerie pour oreillons; aucun autre n'a présenté la plus légère indisposition. Si l'on tient compte du nombre d'indisponibilités, pour cause de courbatures, de fièvres éphémères ou d'affections grippales, si fréquentes aujourd'hui chez les jeunes soldats, n'a-t-on pas quelque droit de voir plus qu'une simple coïncidence dans le fait que nous rapportons? Nous ne pensons pas qu'il soit irrationnel d'y rechercher une relation de cause à effet.

APPENDICE

Les quelques idées que nous venons d'émettre au cours de ce rapide exposé, n'auront-elles pas le sort de paraître chimériques, avant que la réflexion les aient convenablement mûris, et que l'expérience leur ait accordé leur exacte valeur ?

Malgré les avantages incontestables que peut offrir notre système de culture physique, plusieurs ne manqueront pas de mettre en doute la possibilité de la faire appliquer dans l'armée, grâce aux dépenses qu'entraînerait l'achat des agrès nécessaires.

Qu'on veuille bien nous pardonner de traiter ici une question, qui demeure en dehors de nos attributions. Nous n'avons pas jugé inutile de prévenir les objections, qu'on n'hésiterait pas de nous adresser, si nous ne prouvions d'ores et déjà que les dépenses exigées pour une organisation générale de notre système de gymnastique, ne grèveraient pas outre mesure le budget de la guerre.

Remarquons, en premier lieu, qu'avec un nombre d'altères relativement restreint, il est aisé d'appliquer notre méthode à tout un régiment sans augmenter là durée des séances de gymnastique.

Prenons, comme exemple, un régiment d'infanterie avec ses cadres complets, d'un effectif moyen de 1.600 hommes.

Une heure par jour est accordée aux exercices corporels pour chaque bataillon. La durée de nos séances n'excédant par 30 minutes, cent paires d'altères suffisent pour exercer en une heure tous les hommes du bataillon si une section ou compagnie est mise au repos pendant que l'autre exécute le mouvement.

Le prix d'achat des 860 kilogrammes de fonte nécessaires à la confection de cent paires d'altères, peut être estimé à 160 francs.

C'est donc une dépense de 0 fr. 10 par homme qu'exige l'application générale de notre méthode d'entraînement. Nous ne pensons pas que pour une somme aussi minime, on ajoute un nouveau chapitre au budget de l'armée, quand ces quelques centimes peuvent être très facilement prélevés sur les masses d'équipement.

Sur les données de ce simple calcul, aura-t-on maintenant le droit de nous objecter que nos procédés de culture physique demeurent inaccessibles au milieu militaire? A l'heure où l'on discute tant sur l'épargne du capital humain, ou dans le désir de sauvegarder la plus grande somme de vie humaine on cherche tous les moyens efficaces pour l'accroître, nous ferait-on le reproche de vouloir ajouter encore aux charges, déjà trop lourdes, de l'Etat, en achetant à si bas prix la force de résistance et la vigueur de nos sodats?

Malgré les preuves que nous avons données de la nécessité, pour notre armée, d'une culture rationnelle de ses forces vitales, nous n'espérons pas avoir gagné une cause que tant d'autres, plus compétents que nous, ont défendu sans succès.

A ceux qui, ayant foi encore en la valeur de notre race affaiblie pensent avec nous que, pour la rendre plus belle et plus forte, il n'est pas de sacrifice qu'on ne doive généreusement s'imposer, nous livrons notre modeste essai, le résultat de nos recherches personnelles, comme un encouragement à poursuivre une voie ouverte aujourd'hui à toutes les bonnes volontés.

TABLE DES MATIÈRES

Paris et Limoges. — Imp. milit. Henri Charles-Lavauzelle.